POSITION UNIVERSELLE INTER

DE 1878, À PARIS.

CATALOGUE OFFICIEL

PUBLIÉ

PAR LE COMMISSARIAT GÉNÉRAL.

TOME VII.

ESSAIS DES MACHINES AGRICOLES SUR LE TERRAIN.

PARIS.

IMPRIMERIE NATIONALE.

M DCCC LXXVIII.

CATALOGUE OFFICIEL

PUBLIÉ

PAR LE COMMISSARIAT GÉNÉRAL.

TOME VII.

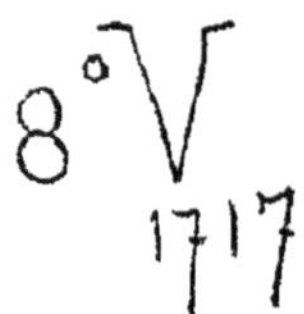

MINISTÈRE DE L'AGRICULTURE ET DU COMMERCE.

EXPOSITION UNIVERSELLE INTERNATIONALE

DE 1878, À PARIS.

CATALOGUE OFFICIEL

PUBLIÉ

PAR LE COMMISSARIAT GÉNÉRAL.

TOME VII.

ESSAIS DES MACHINES AGRICOLES

SUR LE TERRAIN.

PARIS.

IMPRIMERIE NATIONALE.

M DCCC LXXVIII.

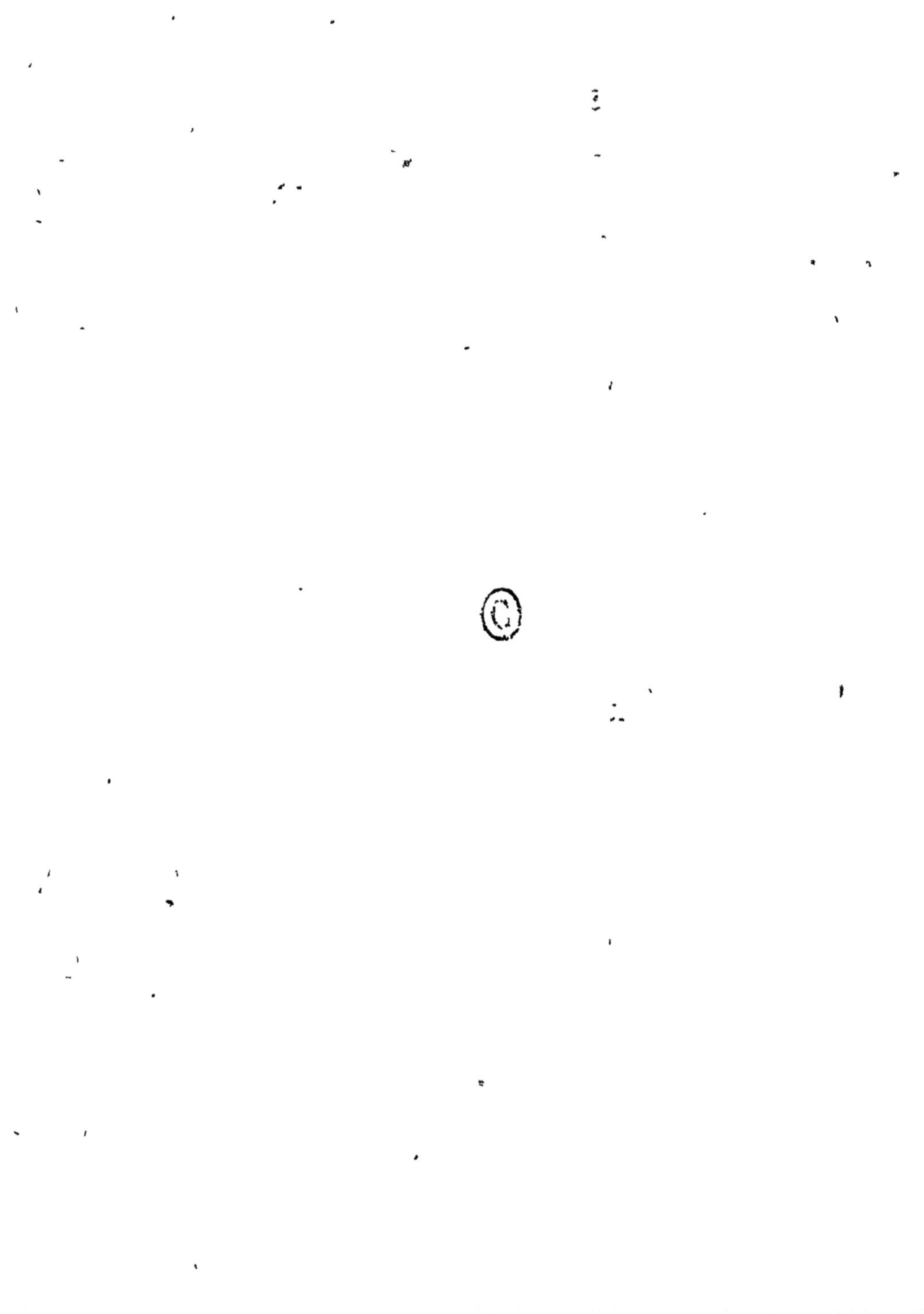

AVERTISSEMENT.

Le catalogue général officiel de 1878 se compose de huit volumes :

1er volume. Œuvres d'art (groupe I), sections française et étrangères.

2e volume. Section française, France (groupes II à VI).

3e volume. Section française, France (groupes VII à IX); — Algérie et colonies française (groupes I à IX).

4e et 5e volumes. Sections étrangères (groupes II à IX).

6e volume. Sections historiques française et étrangères.

7e volume. Concours d'animaux vivants et d'horticulture.

8e volume. Table alphabétique générale.

Ces huit volumes sont vendus ensemble ou séparément. Réunis, ils forment un catalogue complet comprenant tous les exposants et tous les produits.

Pour la France, la liste des exposants de chaque classe est précédée d'une notice rédigée sous la responsabilité du commissariat général et destinée à procurer aux visiteurs des indications succinctes qui leur permettent de se rendre un compte sommaire de l'industrie de la classe.

Les puissances étrangères avaient été invitées à fournir les éléments de notices analogues; le temps a malheureusement manqué à la plupart d'entre elles, et pour quelques-unes seulement on a pu établir un exposé sommaire de l'état des diverses industries.

Les listes des exposants sont dressées par classe, suivant l'ordre alphabétique; dans l'article consacré à chaque exposant, on trouve le nom et les prénoms, l'adresse commerciale, l'indication sommaire des objets exposés, le numéro de l'emplacement qu'ils occupent dans la classe. La série des numéros recommence pour chaque nation et pour chaque classe ou chaque groupe, suivant l'importance du nombre des exposants. Quelquefois même, lorsque le nombre des exposants est peu considérable, il n'y a qu'une seule série de numéros par nation. Leur succession correspond d'ailleurs à la succession des places dans les galeries réservées aux différentes classes, de telle sorte que le visiteur sait toujours dans quel sens il doit se diriger pour trouver l'exposition qu'il désire voir.

Les listes d'exposants ont été arrêtées par les comités d'admission, qui ont fourni à l'Administration tous les éléments nécessaires à leur rédaction.

Pour la section française, la notice sommaire de chaque classe est en outre précédée de l'indication des diverses parties des palais et parcs où sont répartis les exposants de la classe, et des numéros compris dans chacun de ces divers emplacements.

EXPOSITION UNIVERSELLE INTERNATIONALE
DE 1878, À PARIS.

ESSAIS
DES MACHINES AGRICOLES SUR LE TERRAIN.

1re SÉRIE.

A MORMANT (Seine-et-Marne).

22 JUILLET ET JOURS SUIVANTS.

MOISSONNEUSES. — MOISSONNEUSES-LIEUSES. — FAUCHEUSES-MOISSONNEUSES COMBINÉES. — FAUCHEUSES. — FANEUSES. — RÂTEAUX À CHEVAL. — RELEVEURS DE PRAIRIES. — CHARGEURS DE FOIN. — APPAREILS D'ÉCLAIRAGE ÉLECTRIQUE POUR LES TRAVAUX DE NUIT DANS LA CAMPAGNE.

MOISSONNEUSES SIMPLES.

NUMÉROS d'ordre.	NOMS DES EXPOSANTS.	NATIONALITÉ.	NOM DES MACHINES présentées.	PRIX des MACHINES.
	MM.			
1	Burgess et Key, à Londres	Angleterre.	Une moissonneuse Burgess et Key.	
2	Harrison (M.-G.) et Cº, à Leigh, près Manchester	*Idem*	Une moissonneuse *Albion* à 2 chevaux	1,000f
3	Hornsby, Sons, à Grantham (Lincolnshire).	*Idem*	Une moissonneuse *Victoria V* à 1 cheval	750
4			Une moissonneuse *Victoria V* à 2 chevaux	1,050
5			Une moissonneuse *Victoria S* à 2 chevaux	1,050
6			Une moissonneuse *Victoria T* à 1 cheval	750
7	Picksley, Sims et Cº, à Stamford (Lincolnshire)	*Idem*	Une moissonneuse automatique *la Nouvelle*	900
8	Samuelson et Cº, à Banbury (Oxfordshire)	*Idem*	Une moissonneuse à 1 cheval.	
9			Une moissonneuse *Original.*	
10			Une moissonneuse *Omnium.*	
11			Une moissonneuse *Nouveau-Champion.*	
12	John Watson	Canada	Une moissonneuse.	
13	Green frères	*Idem*	*Idem.*	
14	Anson Wood	États-Unis.	*Idem*	1,000
15	Aultman et Cº, à Canton (Ohio)	*Idem*	*Idem*	1,100
16	Johnston Harvester et Cº, à Brockport (New-York)	*Idem*	Une moissonneuse *Havester continentale*	750
17			Une moissonneuse	750
18	Osborne D.-M. et Cº, à Auburn (New-York)	*Idem*	Une moissonneuse *Osborne*	1,000
19			Une moissonneuse *Burdick*	1,000
20	Aveling et Porter	Angleterre.	Moissonneuse à vapeur.	

MOISSONNEUSES SIMPLES. (Suite.)

NUMÉROS d'ordre.	NOMS DES EXPOSANTS.	NATIONALITÉ.	NOM DES MACHINES présentées.	PRIX des MACHINES.
	MM.			
21	Walter (A.) Wood, à Hoosicks-Falls (New-York)......	États-Unis..	Une moissonneuse automatique à 2 chevaux.......	1,000f
22			Une moissonneuse à 1 cheval................	750
23	Warder, Mittchell et Cº, à Springfield (Ohio)..........	*Idem*......	Une moissonneuse simple...	1,000
24	Lilpop, Rau et Lœwenstein, à Varsovie.............	Russie....	Une moissonneuse.........	850
25	Scholtze, Repphau et Cie.............	*Idem*......	*Idem*..................	1,000
26	Albaret et Cie, à Rantigny (Oise)......	France....	Une moissonneuse système Johnston..............	1,000
27	Cumming, à Orléans (Loiret).........	*Idem*......	Une moissonneuse.	
28	Henry, à Abilly (Indre-et-Loire)........	*Idem*......	Une moissonneuse *l'Abilienne.*	950
29	Hidien (A.), à Châteauroux (Indre)	*Idem*......	Une moissonneuse *l'Universelle.*	
30	Hurtu, à Nangis (Seine-et-Marne)......	*Idem*......	Une moissonneuse système Wood.	
31	Leclère, à Rouen (Seine-Inférieure)....	*Idem*......	Une moissonneuse......... (N'a point fonctionné.)	1,000

MOISSONNEUSES-LIEUSES.

NUMÉROS d'ordre.	NOMS DES EXPOSANTS.	NATIONALITÉ.	NOM DES MACHINES présentées.	PRIX des MACHINES.
	MM.			
32	Aultman et Cº......	États-Unis..	Une moissonneuse-lieuse....	1,850f
33	Johnston, Harvester et Cº............	*Idem*......	*Idem*.	

MOISSONNEUSES-LIEUSES. (Suite.)

NUMÉROS d'ordre.	NOMS DES EXPOSANTS.	NATIONALITÉ.	NOM DES MACHINES présentées.	PRIX des MACHINES.
	MM			
34	Mac-Cormick.......	États-Unis.	Une moissonneuse-lieuse....	2,000[f]
35	Osborne..........	Idem......	Idem...................	1,750
36	Walter (A.) Wood...	Idem.....	Idem...................	2,000

FAUCHEUSES-MOISSONNEUSES COMBINÉES.

NUMÉROS d'ordre.	NOMS DES EXPOSANTS.	NATIONALITÉ.	NOM DES MACHINES présentées.	PRIX des MACHINES.
	MM.			
37	Johnston, Harvester et C°............	États-Unis.	Une faucheuse-moissonneuse *la Merveilleuse*.........	1,250[f]
38	Osborne et C°.......	Idem......	Une faucheuse-moissonneuse *Wheeler*..............	1,100
39	Warder, Mittchell et C°	Idem......	Une faucheuse-moissonneuse *Champion*............	1,250
40	Schierder et Villiger..	Suisse.....	Une faucheuse-moissonneuse.	

FAUCHEUSES.

NUMÉROS d'ordre.	NOMS DES EXPOSANTS.	NATIONALITÉ.	NOM DES MACHINES présentées.	PRIX des MACHINES.
	MM.			
40 *bis*	Burgess et Key......	Angleterre.	Une faucheuse-moissonneuse.	
41	Bamlett (A.-C.), à Thirsk (Yorkshire).	Idem......	Une faucheuse modele 1878.	
42	Harrison, Mac-Grégor et C°..........	Idem......	Une faucheuse *Albion* à 1 cheval.................	550[f]
43			Une faucheuse *Albion* à 2 chevaux...............	650
44	John Watson.......	Canada....	Une faucheuse.	

FAUCHEUSES. (Suite.)

NUMÉROS d'ordre.	NOMS DES EXPOSANTS.	NATIONALITÉ.	NOM DES MACHINES présentées.	PRIX des MACHINES.
	MM.			
45	Hornsby et Sons....	Angleterre.	Une faucheuse *Paragon O* à 1 cheval..............	600f
46			Une faucheuse *Paragon A* à 2 chevaux............	650
47			Une faucheuse *Paragon O* à 2 chevaux............	650
48	Lowcock et Barr, à Shrensbury (Coelham-Foundry)...	*Idem*.....	*Idem*................	500
49	Picksley, Sims et C°.	*Idem*.....	Une faucheuse *la Nouvelle*...	600
50	Samuelson et C°....	*Idem*.....	Une faucheuse P à 2 chevaux.	
51			Une faucheuse P *Geny* à 2 chevaux.	
52			Une faucheuse à 1 cheval.	
53	Anson Wood.......	États-Unis.	Une faucheuse...........	675
54	Aultman et C°.......	*Idem*.....	*Idem*..............	625
55	Johnston Harvester et C°	*Idem*.....	*Idem*..............	650
56	Mac-Cormick.......	*Idem*.....	*Idem*.	
57	Osborne..........	*Idem*.....	Une faucheuse Kirby.......	675
58	Walter (A.) Wood...	*Idem*.....	Une faucheuse à 1 cheval...	600
59			Une faucheuse à 2 chevaux..	675
60	Warder Mittchell et C°	*Idem*.....	Une faucheuse simple *Champion*................	678
61			Une faucheuse *Nouveau-Champion*................	675
62	Albaret et Cie......	France....	Une faucheuse Albaret.....	650
63	Cumming, à Orléans (Loiret)........	*Idem*.....	Une faucheuse.	
64	Bodin (E.).........	*Idem*.....	Une faucheuse *la Bretonne*.	
65	Boucher et Cie, à Fumay (Ardennes)...	*Idem*.....	Une faucheuse S. Sprague.	

FÂUCHEUSES. (Suite.)

NUMÉROS d'ordre.	NOMS DES EXPOSANTS.	NATIONALITÉ.	NOM DES MACHINES présentées.	PRIX des MACHINES.
	MM.			
66	Henry, à Abilly (Indre-et-Loire)	France. . . .	Une faucheuse *la Tourangelle.*	550f
			Appareil javeleur	115
67	A. Hidien fils, à Châteauroux (Indre). .	*Idem*......	Une faucheuse *l'Universelle.*	
68	Hurtu, à Nangis (Seine-et-Marne).....	*Idem*......	Une faucheuse Hurtu.	

FANEUSES.

NUMÉROS d'ordre.	NOMS DES EXPOSANTS.	NATIONALITÉ.	NOM DES MACHINES exposées.	PRIX des MACHINES.
	MM.			
69	Jeffery et Blackstone, à Lincolnshire (Stamfort).......	Angleterre.	Faneuse................	600f
70			*Idem*..................	600

RÂTEAUX À CHEVAL.

NUMÉROS d'ordre.	NOMS DES EXPOSANTS.	NATIONALITÉ.	NOM DES MACHINES présentées.	PRIX des MACHINES.
	MM.			
71	Picksley, Sims et Cᵒ..	Angleterre.	Un râteau à cheval, à 24 dents	345f
72			*Idem*..................	325
73	John Dodds........	États-Unis.	Un râteau à cheval Hollingsworth.	

RÂTEAUX À CHEVAL. (Suite.)

NUMÉROS d'ordre.	NOMS DES EXPOSANTS.	NATIONALITÉ.	NOM DES MACHINES exposées.	PRIX des MACHINES.
	MM.			
74	Markt et C°, à New-York..........	États-Unis.	Un râteau à cheval.	
75	Stoddart (J.-W.) et C°, à Dayton (Ohio)..	Idem.....	Un râteau à cheval, *le Tigre*.	
76	Pécard, à Nevers....	France....	Un râteau à cheval.	
77	Peltier jeune, rue Fontaine-au-Roi, 10..	Idem....	Un râteau à cheval, à petites roues................	275f
78			Un râteau à cheval, à siége...	300
79			Un râteau à cheval, à dents d'acier...............	345
80	Coutelet fils, à Étrépilly (Seine-et-Marne)..........	Idem......	Un râteau à cheval.	

RELEVEURS DE PRAIRIES.

NUMÉROS d'ordre.	NOMS DES EXPOSANTS.	NATIONALITÉ.	NOM DES MACHINES exposées.	PRIX des MACHINES.
	MM.			
81	Albaret et Cie.......	France....	Un releveur de prairies..... (Système Truffart.)	500f
82	Truffart (S.).......	Idem.....	Un releveur de prairies Truffart..................	500

CHARGEURS DE FOIN.

NUMÉROS d'ordre.	NOMS DES EXPOSANTS.	NATIONALITÉ.	NOM DES MACHINES exposées.	PRIX des MACHINES.
	MM.			
83	Stratton et Cullum, à Meadville (Pensylvanie)........	États-Unis.	Un chargeur de foin.	

APPAREILS ÉLECTRIQUES D'ÉCLAIRAGE POUR LES TRAVAUX DE NUIT DANS LA CAMPAGNE.

NUMÉROS d'ordre.	NOMS DES EXPOSANTS.	NATIONALITÉ.	NOM DES MACHINES exposées.	PRIX des MACHINES.
	MM.			
84	Albaret et Cie.......	France....	Un appareil à vapeur d'éclairage électrique..........	6,500f

2^E SÉRIE.

A PETIT-BOURG (Seine-et-Oise).

20 JUILLET.

MM. Albaret et Cie, à Liancourt (Oise).

1. — Un semoir à toutes graines.

M. Aussenard, à Pithiviers (Loiret).

2. — Un extirpateur.
3. — Une herse à levier.
4. — Une houe à cheval.

M. Biggi, à Plaisance (Italie).

5. — Une charrue.

M. Boitel, à Soissons (Aisne), faubourg de Reims, 38.

6. — Charrue brabant.
7. — Charrue brabant.
8. — Charrue brabant.

M. Bosselet, à Fontenay-lès-Louvres (Seine-et-Oise).

9. — Un déchaumeur.

M. Candelier, à Bucquoy (Pas-de-Calais).

10. — Un brabant double.
11. — Un brabant trisoc.
12. — Un brabant bisoc.
13. — Un scarificateur déchaumeur.
14. — Une houe à cheval.

M. Chapu, à Orbigny (Indre-et-Loire).

15. — Une charrue.

M. Coutelet, à Étrépilly (Seine-et-Marne).

16. — Une herse rotative.
17. — Une charrue.

M. David (A.), à Sarlat (Dordogne).

18. — Une charrue.

M. Debains, à Saint-Remy, par Clairefontaine (Seine-et-Oise).

19. — Un appareil pour le labourage à vapeur.

M. Decauville, à Petit-Bourg (Seine-et-Oise).

20. — Un appareil pour le labourage à vapeur.

MM. Deere et Cie, à Moline (États-Unis).

21. — Charrues.

M. Depoix, à la Chapelle-en-Serval (Oise).

22. — Une charrue en fer.
23. — Extirpateurs.

M. Derosme, à Bavay (Nord).

24. — Un semoir dit *distributeur universel*.

MM. Delahaye-Tailleur et Bajac, à Liancourt (Oise).

25. — Un brabant double.
26. — Un brabant pour labours ordinaires.
27. — Une charrue à deux socs.
28. — Une charrue à trois socs.
29. — Une charrue à quatre socs.
30. — Une draineuse.
31. — Un rouleau.
32. — Une fouilleuse.
33. — Un déchaumeur.

MM. Demarly et Fouquart, à Origny-Sainte-Benoite (Aisne).

34. — Un rouleau compresseur.
35. — Un rouleau brise-mottes.
36. — Un rouleau pour petite culture.

M. Durand, à Montereau (Seine-et-Marne).

37. — Un brabant.
38. — Une charrue.
39. — Une herse.

MM. Farmer's Friend et Cie, à Dayton (Ohio) (États-Unis).

40. — Semoirs à graines.

M. Foret-Collin, à Guise (Aisne).

41. — Brabants doubles.

M. Fracchioni (Italie).

42. — Une charrue.

MM. Gale (M. F. G.) et Cie, à Albion (Michigan) (États-Unis).

43. — Charrues.

M. Garnier (J.-M.), à Redon (Ille-et-Vilaine).

44. — Une charrue.
45. — Une herse.
46. — Une fouilleuse.

M. Gautreau, à Dourdan (Seine-et-Oise).

47. — Semoir.

MM. Henry frères, à Dury-lès-Amiens (Somme).

48. — Une charrue brabant.
49. — Une charrue pour labours de $0^{m},25$.
50. — Un trisoc.
51. — Un scarificateur.

M. Hurtu, à Nangis (Seine-et-Marne).

52. — Semoirs.

M. Hidien, à Châteauroux (Indre).

53. — Un jeu de herses.

M. Josse, à Ormesson (Seine-et-Oise).

54. — Semoirs à engrais.

M. Ladislas Gubicz, à Buda-Pesth (Hongrie).

55. — Charrues.

M. Leclère, à Rouen (Seine-Inférieure).

56. — Semoirs.

MM. Lemaire, Auger et Amiot, à Bresles (Oise).

57. — Brabants doubles.
58. — Brabant à bascule.
59. — Un extirpateur.

M. Maréchaux, à Montmorillon (Vienne).

60. — Une charrue.
61. — Une fouilleuse.

M. Marino Tardioli, à Arceria, près Piticchio (Italie).

62. — Semoirs mécaniques.

M. Meixmoron de Dombasle, à Nancy (Meurthe-et-Moselle).

63. — Une charrue araire.
64. — Une charrue avant-train.
65. — Une défonceuse.
66. — Une charrue sous-sol.
67. — Bisocs.

M. Meugniot aîné, à Dijon (Côte-d'Or).

68. — Une charrue.
69. — Un bisoc.

M. Moreau-Chaumier, à Tours (Indre-et-Loire).

70. — Une charrue vigneronne.

MM. Nicod frères, à Éternoz (Doubs).

71. — Charrues.

M. Niccoli, à Brusegana (Padoue) (Italie).

72. — Une herse.

M. Nobili (F.), à Florence (Italie).

73. — Semoir à semences et à engrais.

M. Normand-Gourdain, à Villers-au-Flos (Pas-de-Calais).

74. — Un brabant double.

M. Parquin, à Paris, rue d'Allemagne, 145.

75. — Une charrue Parquin.

M. Pécard, à Nevers (Nièvre).

76. — Un rouleau plombeur.

77. — Un rouleau Crosskill.

M. Peltier jeune, à Paris, rue Fontaine-au-Roi, 10.

78. — Extirpateurs.

M. Pillier, à Lieusaint (Seine-et-Marne).

79. — Charrues.

M. Primat, à Bordeaux (Gironde).

80. — Une charrue vigneronne.

M. Puzenat, à Bourbon-Lancy (Saône-et-Loire).

81. — Collection de herses.

M. Randolph, à Morristown (États-Unis).

82. — Machine à faire les fossés.

M. Renard, à Héry (Yonne).

83. — Une charrue vigneronne.

M. Renault-Gouin, à Sainte-Maure (Indre-et-Loire).

84. — Une charrue vigneronne.

85. — Une fouilleuse.

86. — Une défonceuse.

M. Richon, à Agen (Lot-et-Garonne).

87. — Un tractoir agricole.

MM. Robillard et Maréchal, à Arras (Pas-de-Calais).

88. — Semoirs à toutes graines.

89. — Semoirs à socs articulés.

90. — Distributeur d'engrais.

M. Rousselet, à Tancrou (Seine-et-Marne).

91. — Une charrue déchaumeuse.

M. de Scorbiac, à Beaudésert (Tarn-et-Garonne).

92. — Un joug à bascule.

M. Simond, à la Baume (Doubs).

93. — Une charrue.

94. — Une herse.

MM. Smith et fils, à Peasenhall (Angleterre).

95. — Un semoir à toutes graines avec avant-train.

96. — Un distributeur d'engrais à la volée.

97. — Un semoir pour graines et engrais en lignes.

98. — Un semoir à betteraves avec engrais dans les lignes.

MM. Speer et Sons, à Pittsburgh (Pensylvanie) (États-Unis).

99. — Charrues.

100. — Cultivateurs.

M. Souchu-Pinet, à Langeais (Indre-et-Loire).

101. — Une charrue.
102. — Une charrue vigneronne.
103. — Une fouilleuse.

M. Tomaselli, à Crémone (Italie).

104. — Charrues.
105. — Semoir.

MM. Valck-Virey, à Saint-Dié (Vosges).

106. — Une charrue à double versoir.

M. Vernhes, à Saint-Izaire (Aveyron).

107. — Une charrue.

M. Voirin, à Manois (Haute-Marne).

108. — Une charrue.

M. Watteliez-Delattre, à Emmerin (Nord).

109. — Charrues.

3e SÉRIE.

A L'ESPLANADE DES INVALIDES.

1er AOÛT.

MM. Albaret et Cie, à Rantigny (Oise).

1. — Machine à vapeur.
2. — Hache-paille à grand travail.
3. — Hache-maïs.
4. — Coupe-racines.
5. — Presse à fourrages.
6. — Concasseur.

M. Boucher, à Corbeny (Aisne).

7. — Barattes.

MM. Bruel frères, à Moulins (Allier).

8. — Tarares.

M. Clert, à Niort (Deux-Sèvres).

9. — Trieurs.

M. Fouché, à Paris, rue Saint-Maur-Popincourt, 126.

10. — Appareil à cuire les racines.

M. Fouju, à Vernouillet (Seine-et-Oise).

11. — Crémeuse.
12. — Barattes.

M. Guilhem, à Toulouse (Haute-Garonne), rue du Pont-Neuf-Saint-Sauveur, 1

13. — Presse à fourrage.

M. Guitton, à Corbeil (Seine-et-Oise), avenue Darblay, 3.

14. — Machines à botteler les fourrages et la paille.

MM. Hercules, Lever, Jack et Cie, à Newark (États-Unis).

15. — Presse.
16. — Pressoir (système Tichenor).
17. — Mouvement de pressoir.

M. Henry, à Abilly (Indre-et-Loire).

18. — Coupe-racines.
19. — Tarare.

M. Hignette, à Paris, boulevard Voltaire, 23.

20. — Trieurs-épierreurs.
21. — Decortiqueurs.

M. Lhuillier, à Dijon (Côte-d'Or).

22. — Trieurs.

MM. Mabille frères, à Amboise (Indre-et-Loire).

23. — Presse à fourrages à vapeur (système Pilter).

M. Marot, à Niort (Deux-Sèvres).

24. — Trieurs.

M. Mailhe fils, à Orthez (Basses-Pyrénées).

25. — Égrenoir à maïs.

MM. Mésot et Cie, à Lyon (Rhône), place Saint-Pothin, 23.

26. — Filtres.

MM. Mure frères, à Lyon (Rhône), quai de l'Hôpital, 62.

27. — Tarare.

M. Paupier, à Paris, rue Saint-Maur, 84.

28. — Bascules.

M. Peltier jeune, à Paris, rue Fontaine-au-Roi, 10.

29. — Hache-paille.
30. — Coupe-racines.
31. — Brouette.
32. — Diable.
33. — Auges à porcs.
34. — Laveur de racines.
35. — Meule.
36. — Égrenoir.
37. — Nettoyeur.
38. — Brise-tourteaux.

M. Pernollet, à Paris, rue Saint-Maur, 108.

39. — Trieurs.

M. Petillat, à Vichy (Allier).

40. — Tarares.

MM. Rose frères, à Poissy (Seine-et-Oise).

41. — Tarare.

M. Tritschler fils aîné, à Limoges (Haute-Vienne).

42. — Tarare.
43. — Égrenoir à maïs.

M. Trouché, à Arles (Bouches-du-Rhône).

44. — Tarare.

M. Valck-Virey, à Saint-Dié (Vosges).

45. — Coupe-racines.
46. — Laveur de racines.
47. — Concasseurs.
48. — Hache-paille.

MM. Waite-Burnel et Cie, à Paris, rue Aubert, 10.

49. — Coupe-racines.
50. — Manége.
51. — Presses à fourrages.

MM. Watson, à Ayr (Canada).

52. — Concasseurs.
53. — Coupe-racines.
54. — Hache-paille.
55. — Égrenoir à maïs.
56. — Manége et transmissions.

4e SÉRIE.

A L'ESPLANADE DES INVALIDES.

5 AOÛT.

MM. Albaret et Cie, à Rantigny (Oise).

1. — Machine à battre, à grand travail, avec élévateur de paille.

2. — Machine à vapeur locomobile.

MM. Bertin et fils, à Montereau (Seine-et-Marne).

3. — Machine à battre à plan incliné.

M. Boucher, à Fumay (Ardennes).

4. — Machine à battre.

5. — Manége.

M. Bouchon, à la Ferté-sous-Jouarre (Seine-et-Marne).

6. — Moulin à farine.

7. Moulin décorticateur.

M. Demoncy-Minelle, à Château-Thierry (Aisne).

8. — Engreneuse automatique.

M. Farquhar, à York (États-Unis).

9. — Batteuse à manége.

M. Gautreau, à Dourdan (Seine-et-Oise).

10. — Machine à battre, à grand travail, mue par une locomobile.

11. — Machine à battre à manége.

M. Giovanni Biggi, à Plaisance (Italie).

12. — Batteuse à manége.

13. — Tarare.

14. — Peseur et compteur pour les batteuses.

M. Henry, à Abilly (Indre-et-Loire).

15. — Machine à battre à manége.

MM. Jeannel frères, à Martinvelle (Vosges).

16. — Machine à battre à manége.

Mme Jérôme (Ve), à Amiens (Somme).

17. — Trieurs-nettoyeurs.

M. Limare, à Fécamp (Seine-Inférieure).

18. — Machine à battre à manége.

M. Maréchaux, à Montmorillon (Vienne).

19. — Machines à battre à manége pour grande et petite culture.

M. Maillhe, à Orthez (Basses-Pyrénées).

20. — Égrenoir à maïs.

M. Millot, à Gray (Haute-Saône).

21. — Batteuse à manége.

M. Petillat, à Vichy (Allier).

22. — Machines à battre à manége.

MM. Petitjean et Coullon, à Auxerre (Yonne).

23. — Machines à battre avec manége.

M. Voruz, à Nantes (Loire-Inférieure), rue Linné, 2.

24. — Machine à vapeur locomobile.

MM. Waite, Burnel et Cie, à Paris, rue Alibert, 10.

25. — Machine à battre à manége.

M. Yoland, à Mantes (Seine-et-Oise).

26. — Machine à battre à manége.

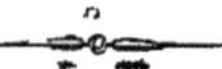

5ᴱ SÉRIE.

AU CHAMP DE MARS.

8 AOÛT.

MM. Barnard, Bishop et Barnards, à Norwich (Angleterre).

1. — Tondeuse de gazon (n'a pu fonctionner).

M. Daulton, à Paris, rue des Vinaigriers, 37.

2. — Tondeuse de gazon, *la Buckeye*.

MM. Decker et Mot, à Paris, boulevard de la Villette, 168.

3. — Tondeuse de gazon Decker et Mot. | 4. — Tondeuse de gazon américaine.

MM. Graham, Emlen et Passmore, à Philadelphie (États-Unis).

5. Tondeuses dites *Philadelphie*.

M. Hill, à Hartford (États-Unis).

6. — Tondeuse de gazon dite l'*Archimédienne*.

MM. Lloyd Supplee et Walton, à Philadelphie (États-Unis).

7. — Tondeuse de gazon.

MM. Louet frères, à Issoudun (Indre).

8. — Tondeuses de gazon, dites *Berrichonnes*.

M. Parkinson, à Ripon (Yorkshire) (Angleterre).

9. — Tondeuses de gazon de diverses dimensions.

M. Shepherd, à Paris, rue Caumartin, 1.

10. — Tondeuse archimédienne Williams.

6e SÉRIE.

AU CHAMP DE MARS.

9 AOÛT.

M. Aubert, à Paris, rue Blomet, 58.

1. — Appareil d'arrosage pour les pelouses.

M. Armandies, à Lagny (Seine-et-Marne).

2. — Pompe destinée à l'arrosage et au bassinage des plantes.

M. Beaume, à Boulogne (Seine).

3. — Pompes de différents modèles.
4. — Tonneau d'arrosage.
5. — Appareils distributeurs.

MM. Biard et Cie, à Paris, rue du Départ, 5.

6. — Pompe à arrosage.

M. Breton, à Ponchon (Oise).

7. — Pompe d'arrosage pour les plantes délicates.

M. Debray, à Paris, rue Fontaine-au-Roi, 24.

8. — Pompes à arrosage.
9. — Un tonneau à arrosoir.
10. — Tourniquet hydraulique et pulvérisateur.

M. Fichet, à Vincennes (Seine).

11. — Pompe d'arrosage.

M. Girodias, à Paris, rue du Faubourg-Saint-Martin, 77.

12. — Appareils d'arrosage.

M. Hirt aîné, à Paris, boulevard de Magenta, 53.

13. — Pompes diverses pour l'arrosage.

MM. Holfeld frères et Commin, à Paris, rue Turbigo, 89.

14. — Pompes d'arrosage.

M. Lefebvre, à Trie-Château (Oise).

15. — Tonneau arroseur.

M. Legrand, à Bresles (Oise).

16. — Tonneau à purin.

MM. Moret et Broquet, à Paris, rue Oberkampf, 121.

17. — Pompes d'arrosage de différents systèmes.

M. Noël, à Paris, rue d'Angoulême, 60.

18. — Pompes d'arrosage.

M. Plasse, à Paris, quai Valmy, 35.

19. — Divers modèles de jets d'eau pour l'arrosage.

M. Peltier jeune, à Paris, rue Fontaine-au-Roi, 10.

20. — Pompes et tonneaux d'arrosage.

M. Raveneau, à Paris, rue Rochechouart.

21. — Appareils d'arrosage.

M. Samain, à Blois (Loir-et-Cher).

22. — Pompe d'arrosage.

MM. Thiébault et fils, à Paris, rue du Faubourg-Saint-Denis, 144.

23. — Pompe d'arrosage.

M. Tierce, à Beauvais (Oise).

24. — Appareils d'arrosage. | 25. — Arrosoirs à débit variable.

7^E SÉRIE.

A GONESSE (Seine-et-Oise).

12 AOÛT.

MM. Aveling et Porter, à Rochester (Angleterre); à Paris, avenue Montaigne, 9.

1. — Appareil complet de labourage à vapeur pour grande et moyenne culture.

M. Boitel, à Soissons (Aisne).

2. — Brabant pour défoncement.
3. — Charrue fouilleuse.
4. — Charrue brabant pour labours ordinaires.

M. Debains, à Saint-Remy (Seine-et-Oise).

5. — Appareil pour le labourage à vapeur.

www.ingramcontent.com/pod-product-compliance
Ingram Content Group UK Ltd.
Pitfield, Milton Keynes, MK11 3LW, UK
UKHW021033200726
13857UKWH00004B/1714